D1477965

WEEKLY WR READER®

EARLY LEARNING LIBRARY

EN QUÉ SE DIFERENCIAN LOS ANIMALES

Las cabezas y los cuellos de los animales

Jonatha A. Brown

Consultora de lectura: Susan Nations, M.Ed., autora/tutora de alfabetización/consultora

Consultora de ciencias y contenido curricular: Debra Voege, M.A., maestra de recursos curriculares de ciencias y matemáticas

Please visit our web site at: www.garethstevens.com
For a free color catalog describing Weekly Reader® Early Learning Library's list
of high-quality books, call 1-877-445-5824 (USA) or 1-800-387-3178 (Canada).
Weekly Reader® Early Learning Library's fax: (414) 336-0164.

Library of Congress Cataloging-in-Publication Data

Brown, Jonatha A.
  [Animal heads and necks. Spanish]
  Las cabezas y los cuellos de los animales / por Jonatha A. Brown.
    p. cm. — (En qué se diferencian los animales)
  Includes bibliographical references and index.
  ISBN-10: 0-8368-7412-9 — ISBN-13: 978-0-8368-7412-9 (lib. bdg.)
  ISBN-10: 0-8368-7417-X — ISBN-13: 978-0-8368-7417-4 (softcover)
  1. Head—Juvenile literature. 2. Neck—Juvenile literature. I. Title.
  QL950.5.B7618 2007
  573.9'9533—dc22   2006019178

This edition first published in 2007 by
Weekly Reader® Early Learning Library
A Member of the WRC Media Family of Companies
330 West Olive Street, Suite 100
Milwaukee, WI 53212 USA

Editor: Gini Holland
Art direction: Tammy West
Cover design and page layout: Charlie Dahl
Picture research: Diane Laska-Swanke
Translation: Tatiana Acosta and Guillermo Gutiérrez

Picture credits: Cover, title, p. 8 © Joe McDonald/Visuals Unlimited; pp. 4, 5, 6, 14 © Michael H. Francis;
pp. 7, 15, 16 © James P. Rowan; p. 9 © T. J. Rich/naturepl.com; p. 10 © Tony Heald/naturepl.com;
p. 11 © Gertrud & Helmut Denzau/naturepl.com; p. 12 © David Pike/naturepl.com; pp. 13, 19
© Tom and Pat Leeson; p. 17 © Barry Mansell/naturepl.com; p. 18 © Wally Eberhart/Visuals Unlimited;
p. 20 © Ingo Arndt/naturepl.com; p. 21 © Pete Oxford/naturepl.com

Printed in the United States of America

1 2 3 4 5 6 7 8 9 10 09 08 07 06

Contenido

Cubierta y portada: Gracias a su largo cuello, las jirafas pueden comerse las hojas de árboles muy altos.

¡Usa la cabeza!

Los animales usan la cabeza para ver y oír. Los animales usan la cabeza para oler y comer. Usan el cuello para girar la cabeza y alcanzar la comida. Las cabezas y los cuellos de los animales tienen formas y tamaños muy variados. La cabeza y el cuello de un ciervo son muy diferentes de los de un coyote.

Un ciervo usa su largo cuello para alcanzar las hojas y ramitas de arbustos y árboles pequeños. El cuello también le permite comer plantas que están cerca del suelo.

Gracias a su largo cuello, el ciervo puede alcanzar las plantas que desea comer. Sus dientes posteriores, lisos, le sirven para masticar hierba y hojas. El cuello corto y fuerte del coyote y sus afilados dientes lo ayudan a atrapar a sus **presas**. La cabeza y el cuello de cada animal son los apropiados para sus necesidades.

Este coyote ha cazado un ratón. Los afilados dientes del coyote pueden atravesar piel, carne y huesos.

Este lince rojo está listo para saltar. Con los ojos, calcula la distancia del salto.

Ojos y orejas

Los leones y otros felinos se abalanzan sobre sus presas. Si fallan, pueden pasar hambre. Los ojos de estos felinos están situados en la parte delantera de la cabeza. Eso los ayuda a calcular a qué distancia tienen que saltar para cazar a un animal.

Las cebras y los ciervos son animales de presa. Tienen que correr para escapar del peligro. Sus ojos están muy separados. Eso les permite ver hacia delante y a los lados sin girar la cabeza. De ese modo pueden ver a los **depredadores** a tiempo para salir corriendo.

La cebra puede ver bien hacia delante y a los lados. Eso le permite ver si se acerca un depredador.

Las aves usan los ojos para ver si hay depredadores. También usan los ojos para encontrar comida. Muchas aves tienen ojos grandes y ven bien. Los búhos, que cazan al anochecer, tienen ojos aún más grandes. Gracias a sus grandes ojos pueden ver a sus presas cuando hay poca luz.

Este búho caza de noche. Sus grandes ojos lo ayudan a ver en la oscuridad.

Un buen sentido del oído puede contribuir a que un animal sobreviva. El conejo tiene orejas largas y con forma hueca. Esa forma hace que capte muchos sonidos. Las orejas de un conejo pueden girar hacia delante, hacia atrás y hacia los lados. Eso permite que el conejo sepa si hay un depredador cerca sin tener que volver la cabeza.

Este conejo tiene las orejas volteadas hacia los lados. Esto le permite oír sonidos en cualquier dirección.

Los elefantes africanos tienen unas orejas enormes. En días calurosos, las agitan hacia delante y hacia atrás para refrescarse.

Los elefantes africanos tienen orejas muy grandes. Son capaces de oír sonidos a gran distancia. Sus orejas también les son útiles por otras razones. Los elefantes agitan las orejas para espantar las moscas. También las usan como un abanico para refrescarse.

Cuando un castor nada bajo el agua, en cada oreja se cierra un pliegue de piel. Este pliegue mantiene seco el interior de las orejas del animal. Los camellos viven en el **desierto**. Sus orejas están cubiertas de denso pelo. El pelo evita que la arena del desierto penetre en las orejas.

Las orejas del camello están cubiertas de denso pelo. El pelo impide que la arena del desierto entre en las orejas.

Narices y bocas

Los animales usan la nariz para oler la comida. Usan la nariz para oler a su madre y a su padre. Usan la nariz para oler a sus crías. También usan la nariz para oler a sus **enemigos**. Los lobos tienen la nariz grande. Son capaces de oler a un ciervo o a un conejo a gran distancia.

El lobo tiene un gran sentido del olfato. Usa la nariz para encontrar a sus presas.

El elefante tiene una larga nariz llamada trompa.
El elefante puede usar la trompa para oler. También
puede usarla para arrancar pequeñas bayas y para
levantar enormes troncos. Puede incluso sorber agua
con la trompa y **echarse un chorro** en la boca.

Este elefante indio está dándose una ducha. Sorbe agua
con la trompa y se la echa a chorros sobre el lomo.

Sus afilados dientes y fuertes mandíbulas permiten a este zorro rojo mascar un duro hueso.

Los zorros, los coyotes y otros depredadores tienen unos dientes afilados. Estos dientes pueden arrancar y masticar carne, huesos y piel. Los animales que comen plantas verdes tienen dientes posteriores anchos y planos. Los ciervos tienen dientes anchos y planos. Les sirven para arrancar y triturar hojas, ramitas y corteza.

Las aves no tienen dientes. Las aves tienen pico. El pico corto y fuerte de los cardenales puede abrir las semillas. Los colibríes tienen un pico largo y fino con el que pueden beberse el **néctar** del interior de las flores. Los halcones y las águilas pueden arrancar carne con su fuerte pico.

Para hallar el néctar, los colibríes necesitan llegar al fondo de las flores. Su largo pico es perfecto para eso.

Esta jirafa está usando su larga lengua para arrancar ramitas y hojas de un árbol.

Las jirafas comen hojas y ramitas espinosas de los árboles. Su lengua es larga, delgada y dura. Una jirafa puede envolver ramitas espinosas con la lengua y arrancarlas sin lastimarse con las **espinas**. La lengua también sirve para aplastar las espinas mientras el animal mastica.

Las serpientes se ayudan de la lengua para oler. Para olfatear un **rastro** en el aire, meten y sacan la lengua con rapidez. Muchas serpientes tienen dientes, pero las serpientes venenosas tienen unos colmillos largos y huecos. Los usan para envenenar a sus presas y matar enemigos.

Esta serpiente tiene dos colmillos largos y huecos. Los colmillos le permiten agarrar a una presa e inyectarle veneno.

Cuellos

Los antílopes y los ciervos tienen largas patas. Gracias a sus largos cuellos pueden alcanzar las plantas que crecen en el suelo. Las jirafas necesitan un cuello largo para llegar a las hojas y ramitas en lo alto de los árboles.

Tener un cuello largo ayuda a este berrendo a comer las plantas que crecen en el suelo.

Las aves no pueden mover los ojos. Por eso, tienen que girar el cuello para mirar a su alrededor. Los flamencos tienen un cuello muy largo que se dobla de manera muy curiosa. Pueden hasta girar la cabeza por completo. Eso los ayuda a sacar plantas del fondo de las charcas.

Los flamencos comen plantas que crecen en charcas de aguas poco profundas y saladas. Su largo cuello les permite alcanzar esas plantas.

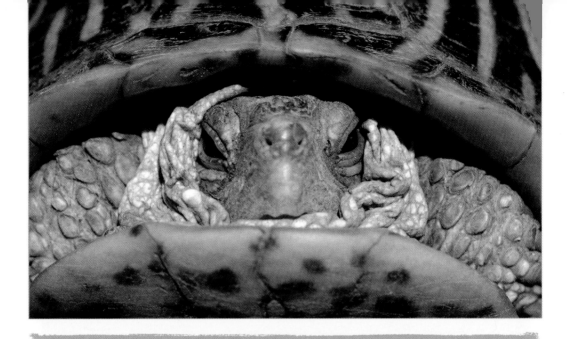

Esta tortuga puede retraer la cabeza. Ahora su cabeza y cuello, de piel suave, están protegidos por el duro caparazón.

La mayoría de las tortugas esconden la cabeza dentro del caparazón cuando perciben un peligro. Algunas tortugas **retraen** la cabeza doblando el cuello hacia dentro. Eso hace que la cabeza quede protegida dentro del caparazón. Otras doblan el cuello hacia un lado para que entre la cabeza.

Los machos de fragata usan el cuello para atraer a su pareja. Estas aves tienen en el cuello unas bolsas grandes de color rojo intenso. ¡Para exhibirse ante las hembras, hinchan las bolsas!

En el mundo animal, hay cabezas y cuellos de muchos tipos y formas diferentes. Cada animal tiene el tipo de cabeza y cuello que necesita para vivir.

Un macho de fragata hincha su bolsa del cuello para atraer a una hembra. La hembra carece de bolsa.

Glosario

depredadores – animales que cazan a otros animales para comérselos

desierto – zona arenosa con poca agua o sin agua, por lo general muy calurosa durante el día

echar un chorro – lanzar un líquido con fuerza

enemigos – para un ser vivo, los que desean hacerle daño

espinas – partes afiladas y duras de las plantas que pueden cortar y pinchar a un animal

néctar – líquido de sabor dulce del interior de las flores

presas – animales que son devorados por otros animales

rastros – olores

retraer – retirarse dentro de una envoltura protectora

Más información

Libros

Dinosaurios: Espinas óseas y cuellos. Seres prehistóricos (serie). Joanne Mattern. (Gareth Sevens)

El Avestruz. Heinemann Lee Y Aprende (serie). Patricia Whitehouse. (Heinemann)

El Flamienco. Heinemann Lee Y Aprende (serie). Patricia Whitehouse. (Heinemann)

La Giraffa. Heinemann Lee Y Aprende (serie). Patricia Whitehouse. (Heinemann)

Índice

Información sobre la autora

Jonatha A. Brown ha escrito muchos libros de no ficción para niños. Vive en Phoenix, Arizona, con su marido, Warren, y dos perros, Sasha y Ava. Jonatha tiene también dos caballos, Fleetwood y Freedom. ¡Y tendría más animales, si no fuera por Warren! Ambos disfrutan observando coyotes, conejos, ardillas, lagartos y aves en su jardín.